# Online-Mittelstand in Deutschland

Erfolgreiche Gründer der Internet-Branche im Gespräch

Thomas Promny

Das kommerzielle Internet ist in Deutschland mittlerweile etwa 20 Jahre alt. Nach der ersten großen Krise dieser Branche um das Jahr 2000 herum wurde sie auch gerne mal totgesagt, nun ist sie jedoch auf dem besten Wege, richtig erwachsen zu werden: Mittlerweile schätzt der *Bundesverband der Digitalen Wirtschaft (BVDW)* die Zahl der Beschäftigten der deutschen Online-Branche auf fast 500.000 (Stand 2014). Und die meisten der Unternehmen verdienen sogar solides Geld: Mit 85 Milliarden Euro Umsatz liegt der Anteil am Bruttoinlandsprodukt laut *BVDW* bei immerhin schon 3,1%.

Schon länger ist *United Internet* an der Börse, zuletzt kamen auch noch *Rocket Internet* und *Zalando* dazu. Obwohl es also mittlerweile sogar deutsche Internet-Konzerne gibt, kommt die Masse der Arbeitsplätze, Umsätze und Innovationen, wie auch in anderen Branchen, aus dem Mittelstand. In dem Buch „**Online-Mittelstand in Deutschland – Erfolgreiche Gründer der Internet-Branche im Gespräch**" möchten wir einen Blick auf die Unternehmerpersönlichkeiten werfen, die diesen Mittelstand aufgebaut haben und weiterhin aufbauen. Einen repräsentativen Auszug hieraus stellt das Interview in diesem Büchlein dar.

Thomas Promny
Online-Mittelstand in Deutschland
Online-Mittelstand in Deutschland
Erfolgreiche Gründer der Internet-Branche im Gespräch
Thomas Promny

Das Interview in diesem Büchlein stammt aus dem Buch **„Online-Mittelstand in Deutschland – Erfolgreiche Gründer der Internet-Branche im Gespräch"** von Thomas Promny, in dem weitere 19 Gründer und immerhin auch eine Gründerin ihre spannenden Geschichten erzählen: Sie beinhalten viele Auf und Abs, einige Fehler und Sackgassen, aber auch entscheidende Hintergründe und so manches Erfolgsgeheimnis.

Das Buch beinhaltet auf 428 Seiten folgende Interviews:

**Sebastian Diemer - Kreditech**
**Florian Heinemann - Project A**
**Matthias Henze - Jimdo**
**Heiko Hubertz - Bigpoint**
**Wolfgang Macht - Netzpiloten**
**Tarek Müller - AboutYou**
**Patrick Postel - Silpion**
**Freise, Ostermayer, Rehling - Handy.de, blau.de**
**Jan Schlüter - Mediakraft**
**Torsten Schnoor - guenstiger.de**
**Matthias Schrader - SinnerSchrader**
**Tim Schumacher - Sedo**
**Jens Schumann - Tipp24**
**Dr. Friedrich Schwandt - Statista**
**Christoph Schäfer - Performance Media**
**Yvonne Tesch - Maryme**
**Thomas Wagner - Unister**
**Kai Wawrzinek - Goodgame Studios**

Jetzt bestellen bei oder kostenlos probelesen auf Online-Mittelstand.de

# Sebastian Diemer

Gründer der *Kreditech GmbH*

Jahrgang: 1986

Firma: *Kreditech GmbH*

Standort: Hamburg

Die Menschen, denen mit 27 Jahren schon 274 Millionen Dollar an *Venture Capital* anvertraut worden sind, dürften an ziemlich wenigen Händen abzählbar sein. Sebastian Diemer ist einer von ihnen – und das ist noch lange nicht das Ende: Mit seinem Unternehmen *Kreditech* hat er eine Technologie entwickelt, die die Kreditwürdigkeit von Internetnutzern in Echtzeit feststellt. Online, anhand von insgesamt 20.000 Datenpunkten, beispielsweise mithilfe von *Facebook*-Profilen. Im Vergleich zu den herkömmlichen Banken, die noch Papierberge bewegen, um Kreditentscheidungen zu treffen, ein möglicherweise entscheidender Geschwindigkeitsvorteil.

Als einer der Vorreiter des aktuellen Hype-Themas *Fintech* (Finanz-Technologie) will er auch zukünftig den Finanzmarkt aufmischen.

Sebastian, Du hast eines der derzeit heißesten Start-Ups in Hamburg gegründet. Was ist der Grundgedanke hinter *Kreditech*?

*Kreditech* ist ein Unternehmen, das sich auf die Fahnen geschrieben hat, Banken zu digitalisieren, und zwar weltweit. Wir sind der Meinung, dass die Digitalisierung, wie sie in den letzten Jahren in so vielen Bereichen des Lebens aufgetreten ist, auch den Bankensektor enorm verbessern kann. Wir haben in der Musikbranche gesehen, dass man nicht mehr in den CD-Laden gehen muss, sondern sich heutzutage über das Smartphone Lieder kaufen und anhören kann; dass man sein Privatleben mit Dating-Anbietern wie z.B. *Tinder* digital ändern kann; dass Zeitungen von Print auf elektronische Formate umstellen. Insbesondere haben wir im *E-Commerce* gesehen, dass wir uns nicht mehr in lange Schlangen stellen müssen, denn heutzutage bestellt man sich an der roten Ampel mit zwei Klicks ein neues Paar Hosen, digital.

Aber es geht nicht nur um Online-Banking?

Nun, auch. Man geht noch immer in die Bank und zieht aus einer riesigen Maschine ein Stück Papier, auf dem steht, wofür man Geld ausgibt. Man stellt sich noch in eine Schlange und schaut dann einem schlecht gelaunten Mitarbeiter dabei zu, wie er Daten in den PC tippt – um nach zwei Wochen einen Papierstapel zugeschickt zu bekommen, den man ausfüllen und wieder zurückschicken muss. Was in den anderen Branchen gerade so erfolgreich passiert, lässt sich auch auf den Banking-Bereich übertragen, damit das Ganze wesentlich einfacher und kundenfreundlicher wird. All diese Digitalisierungen haben den Bankensektor noch nicht wirklich erfasst – und *Kreditech* möchte das ändern.

> Die Digitalisierung hat den Bankensektor noch nicht wirklich erfasst – Kreditech möchte das ändern.

Und dabei kümmert ihr euch vor allem um einen bestimmten Aspekt, richtig?

Ja, es geht stets um die Kreditwürdigkeit des Kunden, den sogenannten *Credit Score*. Unsere Vorgehensweise ist dabei recht unorthodox. Alexander, mein Mitgründer, und ich haben nie in einer Bank gearbeitet und hatten somit kein belastendes Gedankengut in uns. Uns war von Beginn an klar, dass ein wesentlicher Grund dafür, dass Banken so kundenunfreundlich sind, der *Credit Score* ist – und zwar, weil er für den Großteil der Weltbevölkerung überhaupt nicht vorliegt. In Deutschland errechnet z.B. die *Schufa* diese statistische Rückzahlwahrscheinlichkeit für Kredite. Weltweit jedoch haben vier Milliarden Menschen überhaupt keinen *Credit Score*. Wir haben eine Technologie entwickelt, die es ermöglicht, diesen herkömmlichen *Credit Score* durch Daten, die Menschen im Internet hinterlassen, zu ersetzen: Seien es *Facebook*-Freunde, Locations, hochgeladene Bilder, besuchte Webseiten – alles, was man online über eine Privatperson finden kann, wird hierbei verwendet.

*Ihr entwickelt eine Art internationale, digitale Schufa? Wie genau funktioniert das Ganze?*

Konkret schauen wir uns bei einem Kreditantrag 20.000 Datenpunkte an. Dabei ist jeder für sich allein genommen nicht sonderlich aussagekräftig, aber die Betrachtung des großen Ganzen als Kombination all dieser Daten wird dann doch sehr aussagestark: Wir können innerhalb von wenigen Sekunden bei fast jeder Person auf der Welt seine Kreditwürdigkeit benennen. Wenn unser Ergebnis positiv ausfällt, bekommt die geprüfte Person in wenigen Sekunden Geld ausgezahlt, kein Warten, kein Filialbesuch, kein sinnloser Papierwust. Der Kunde stellt auf seinem Smartphone oder PC einen Antrag und wenn er zu den 15% gehört, die wir durchschnittlich annehmen, hat er innerhalb von wenigen Sekunden oder im schlimmsten Fall Minuten das Geld auf seinem Konto. Mittlerweile sind wir mit diesem Dienst in neun Märkten vertreten: Polen, Spanien, Tschechien, Russland, Australien, Peru, Dominikanische Republik, Mexiko und Kasachstan.

*Und ihr habt noch mehr im Angebot?*

Ja, wir bieten auch weitere Produkte an, das erste nennt sich *Mikrokredit* und meint kleine Beträge für kurze Laufzeiten, im Durchschnitt 150 Euro für ca. einen Monat. Damit bauen wir das System auf, trainieren den Algorithmus – und sind dann in der Position, viele verschiedene Bankenprodukte mit anzubieten, z.B. Kreditkarten, größere Kredite, die für jeden Kunden individuell zugeschnitten werden, etc., alles innerhalb von wenigen Sekunden. Die Vision ist ganz klar die digitale Bank, aber was wir zunächst in fünf bis sieben Jahren anbieten werden, ist sozusagen ein App-Store für Finanzprodukte, in dem man im Prinzip eine Art *iTunes*-Account erhält. Zusätzlich zu unseren Produkten werden wir hier externe Anbieter hinzuziehen, die andere Leistungen und Produkte anbieten können. Die Plattform soll für den Kunden sozusagen sein One-Stop-Shop werden: Was auch immer er im Finanz-Bereich braucht, er findet es bei uns. Wir kennen dieses Prinzip aus anderen Sektoren, *Amazon* ist das beste Beispiel. Und bei uns findet der Kunde dann alles rund um seine Finanzen und zwar so global und in so vielen Ländern wie möglich.

*Und ihr seid sehr zuversichtlich, wie es scheint?*

Auf jeden Fall. Wir haben in den letzten zweieinhalb Jahren 274 Millionen Dollar eingesammelt. Wir sehen uns hier in einem sehr spannenden Markt und in einer sehr spannenden Position. Da wir das Ganze so groß und mit so viel Gas angepackt haben, wird uns aktuell weltweit das Potenzial nachgesagt, diese Milliarden-Banking-Branche umzukrempeln. Mit uns kann man jetzt an der roten Ampel eben auch einen Kredit aufnehmen.

> Mit uns kann man an der roten Ampel einen Kredit aufnehmen.

*Wie verlief eure Gründungsgeschichte, was hast Du studiert und wann und wo hast Du Deinen Mitgründer gefunden?*

Mittlerweile bin ich 27 Jahre alt und wir haben 220 Mitarbeiter in Hamburg sowie weitere Teams in den jeweiligen Ländern, aber der Beginn sah natürlich anders aus, da waren zunächst nur ein kleiner Sebastian und ein kleiner Alexander – mein Mitgründer Alexander Graubner-Müller. Alexander ist schon in meiner Schulzeit dieser eine unfassbar smarte Typ gewesen, der mit dem Computer Dinge anstellte, die sonst niemand machte oder verstand. Mit elf Jahren hat er bereits soziale Netzwerke programmiert und verkauft und viele verrückte Hacking-Geschichten gemacht. Alexander hat nach der Schule an der Uni Sankt Gallen Business und Informatik studiert, während ich zuerst an der *European Business School* und später an der *London School of Economics* klassisch-langweilig BWL gelernt habe. Während der Studienzeit haben wir uns ein wenig aus den Augen verloren. Als ich dann meine Master Thesis zur Nutzung von Online-Daten für die Vorhersage von Zukunftsevents wie z.B. Wahlen, Wetter, Anschläge, Weltmeisterschaften begann, suchte ich jedoch Unterstützung – mir fehlte zum einen einfach die technische Expertise, zum anderen wollte ich aber auch tatsächlich eine Internet-Plattform mit Vorhersagen aufbauen. Alexander hatte zu der Zeit gerade in Liechtenstein seine Bachelorarbeit bei einem Hedgefonds geschrieben und Algorithmen entwickelt, die mit Online-Daten Vorhersagen zu Investitionen errechnen sollten – alles passte zusammen.

*Allerdings war damals noch nicht klar, dass daraus einmal Kreditech entstehen wird?*

> „Gründet lieber ein kleines Unternehmen, das ganz schnell ganz groß werden kann."

Nein. Wir wollten das Ganze zunächst im akademischen Rahmen machen, sind zu Start-Up-Konferenzen gefahren und haben unter anderem auf dem *IdeaLab* darüber erzählt. Oliver Samwer, Christian Weiß und noch ein paar andere von *Rocket Internet* haben uns dort allerdings davon überzeugt, dass unsere Idee viel zu gut ist, um nur an Unis zu laufen: „Gründet lieber ein Start-Up, ein ganz kleines Unternehmen, das ganz schnell ganz groß werden kann." Das hat uns so beeindruckt, dass wir unsere fast unterschriebenen Berater- und Investment-Banking-Verträge abgelehnt haben und in die Gründerszene gegangen sind.

### Habt ihr dann direkt gegründet?

Auch noch nicht. Oliver Samwer hatte in dem Moment gerade das damals größte Projekt überhaupt ausgerollt, nämlich *Groupon* in China zu etablieren. Das war und ist ja *Rocket Internets* Dreh: erfolgreiche amerikanische Geschäftsmodelle in namengebender „Raketen"-Geschwindigkeit in andere Länder auszurollen – ohne das Rad neu erfinden zu müssen. Und in der Zeit hat er uns gepackt, ins Boot genommen und gleichzeitig gecoacht, das war eine unglaubliche und auch lustige Erfahrung: Wir hatten einen flotten Sieben-Stunden-Workshop am Flughafen in China und bevor er selbst weiterfliegen musste, machte er noch die Ansage, dass wir doch bitte ein Tausend-Mann-starkes Unternehmen *ready to launch* stehen haben, wenn er in einem Monat wiederkäme. Das war unser erster Blick über den universitären Tellerrand. Alexander wurde CTO, ich für die Prozesse sowie die Schulungen und Anwerbung der *Sales*-Mitarbeiter zuständig. Diese Rollen haben wir ab dem Tag eigentlich so beibehalten, er war immer der Automechaniker und ich der Autoverkäufer.

### Wie ist es dann in China gelaufen?

Es war schon schwierig, auch weil alles recht schnell gehen sollte. Wir hatten dort ja kein Office, saßen also in einem *Starbucks* und haben schnell alle Headhunter in China angerufen und ihnen den doppelten Marktpreis für jeden geboten, den sie uns in den nächsten 14 Tagen hereinbringen. Am vierten Tag verlief die Schlange der Bewerber

> Wir haben in China im Fünf-Minuten-Takt Leute eingestellt.

drei Mal um das *Starbucks*-Gebäude – ich rate niemandem, solch ein Angebot in China zu machen. Wir waren natürlich total überfordert, kannten *Groupon* oder China selbst ja kaum und mussten aber schnell handeln, das war verrückt. Wir haben in diesen Tagen etwa im 5-Minuten-Takt Leute eingestellt, ihnen kurz in die Augen geschaut und uns dann für oder gegen sie entschieden. Nach ein paar Monaten standen wir selbst vor einer Entscheidung: Entweder für drei Jahre binden und in China bleiben oder wieder zurückgehen und unsere eigenen Sachen starten. Wir wollten endlich mit unseren Zukunftsevents-Vorhersagen beginnen, denn uns hat diese mögliche Kombination aus akademischer Arbeit in nicht-akademischem Umfeld eigentlich sehr zugesagt, also sind wir zurückgegangen.

*Wie verlief dann der nächste Schritt auf eurem Unternehmerweg?*

Der nächste war noch nicht der finale auf dem Weg zu unseren Vorhersagen. Wir sind zwar zu einem Inkubator nach Hamburg, *Hanse Ventures*, der uns Office, Kapital, Team und viel fachliches Knowhow stellte – aber uns auch das Thema unserer Arbeit vorgab. Zunächst erschien uns das richtig, wir fanden es sinnvoll, quasi erst im nächsten Schritt in die eigene Gründung zu gehen. Wir haben also erstmal eine Art App gebaut, *Gigalocal*, mit der die Menschen sich kleinere Alltagsarbeiten abnehmen lassen sollten: Man konnte einfach posten, was man so brauchte und alle User konnten sich bei der entsprechenden Expertise, Zeit, räumlichen Nähe etc. melden. Aber nach sechs, sieben Monaten stellte sich heraus, dass es schlichtweg nicht funktionierte.

*Warum seid ihr damit in einer Sackgasse gelandet, kannst Du das ein wenig erläutern?*

Das Problem bei Marktplatzmodellen sind immer Angebot und Nachfrage – und man braucht beides, denn die Qualität eines Marktplatzes bemisst sich daran, wie effizient und schnell eine Transaktion zustande kommt. Wenn ich als Interessierter zig Mal schauen muss, bis etwas Passendes dabei ist, dann spricht das nicht für den Marktplatz. Das ist die sogenannte kritische Masse, die nötige Substanz auf Angebot- und Nachfrageseite. Bei unserem Marktplatz waren die Laufzeiten sehr kurz, du musstest in einer bis vier Stunden jemanden finden, der ein Smartphone hat, qualifiziert, in der Nähe ist, eine guten Preis macht und dem man vertrauen kann. Wir hatten zwar viele User, aber recht wenige Transaktionen – auch weil das oft erklärungsbedürftig war. *Mobile.de* versteht jeder, aber warum man über sein Smartphone innerhalb von zehn Minuten jemanden finden soll, der einem den Kühlschrank reinigt, den Preis festlegen muss etc., war damals weniger einfach zu durchschauen.

*Und es war auch abzusehen, dass das so schnell nicht rentabel wird?*

Genau. Wir sind bei solchen Dingen sehr zahlengetrieben, also haben wir uns angeschaut, was es kostet, einen User einzukaufen, wie viel Prozent das an Geld ausmacht, was und wie viel Prozent nach vier Monaten noch da sind und so weiter. Und da haben wir schnell gesehen, dass es 80 Euro kostet, bis ein User eine Transaktion erstellt – das hätte in etwa bedeutet, dass so ein User gleichzeitig für 800 Euro Transaktionen machen müsste, damit sich das Ganze überhaupt rechnete.

Es war klar, dass das hinten und vorne nicht funktionierte, also sind wir zu den verschiedenen Kapitalgebern gegangen und haben das kommuniziert. So ist das bei den Frühphasen von Start-Ups, es gibt dabei nur drei Szenarien: Entweder es schießt durch die Decke, es funktioniert überhaupt nicht oder es dümpelt vor sich hin. Wir waren irgendwo zwischen es funktioniert überhaupt nicht und es dümpelt vor sich hin. Wir hätten noch ein paar Dinge versuchen können – oder endlich unsere Zukunftsvorhersagen wieder herausholen. Letzteres hat einigen der Investoren sehr gut gefallen und wir sollten eine Liste mit Events, die wir vorhersagen wollten, erarbeiten. Wir haben so einiges zusammengestellt, aber was unsere größte Aufmerksamkeit erhielt, war eben das Thema Kreditwürdigkeit, *Credit Score* oder „wie bestimmt man, wer in Zukunft seinen Kredit wird zurückzahlen können". Also haben wir das vorbereitet, unseren Investoren präsentiert – und somit im Januar 2012 die Geburtsstunde von *Kreditech* eingeläutet.

*Die Investoren haben zugesagt und ihr konntet durchstarten?*

Ja, der Hamburger Unternehmer Heiko Hubertz war sozusagen der federführende ehemalige *Gigalocal*-Investor, der *Kreditech* die erste Finanzierung gegeben hat. Schließlich standen uns ca. eine halbe Million Euro *Funding* und ungefähr sechs Monate Zeit zur Verfügung, um zu beweisen, dass das tatsächlich funktionierte. Wir sind dann erstmal zu Banken gegangen und haben im übertragenen Sinne Folgendes gesagt: „Wir sind zwei Jungspunde von der Uni, haben noch nie in einer Bank gearbeitet und hätten gerne eure Daten, eure Kunden und euren *Brand*, um ein Scoring-System aufzubauen, das wir dann auch an eure Wettbewerber verkaufen." Die Banken fanden das nur mittelmäßig spannend, abgesehen davon, dass der 60-jährige Vorstand einer mittelständischen Provinzbank nicht ganz nachvollziehen konnte, wie man anhand von *Facebook*-Bildchen Leute scoren kann – das klingt ja nun mal auch ein wenig hanebüchen.

> „Wir sind zwei Jungspunde von der Uni und möchten Eure Daten, Eure Kunden, Euren Brand."

*Ja, ein wenig. Also konntet ihr nicht wirklich mit deren Unterstützung rechnen?*

Genau, uns wurde klar, dass wir wohl tatsächlich eigene Kredite herausgeben müssen und dafür gab es drei Möglichkeiten: Erstens, ins Ausland gehen, wo das vielleicht weniger reguliert ist; zweitens, eine deutsche Banklizenz – dafür braucht man allerdings fünf Millionen Euro Kapital und drei Jahre Zeit, das war bei unseren sechs Monaten und der halben Million Euro schlecht; oder drittens, etwas im leicht hellgrauen Bereich. Mit dem Segen der Investoren haben wir Letzteres gemacht und in Deutschland losgelegt. Uns war klar, dass die Tour nicht richtig nachhaltig war, aber wir brauchten einfach tausend Kredite, an denen wir mit ganz vielen Datenpunkten die Muster aller Leute erkennen konnten, die ihre Kredite zurückzahlten bzw. eben nicht zurückzahlten. Und mit einer recht abenteuerlichen rechtlichen Ausgestaltung hatten wir nach vier Monaten tatsächlich den Datensatz zusammen und auch schon die entscheidenden Muster darin gefunden.

*Und damit konntet ihr doch wieder zu den Banken gehen?*

Richtig, wir sind zurückgegangen, haben die Muster präsentiert, gesagt, dass das Ganze funktioniert und wir es in ihr System einbauen können. Und da haben einige Banken auch zugegriffen und das ausprobiert, nicht die *Deutsche Bank* oder die *Commerzbank*, aber kleinere Banken. Allerdings haben wir auch gleichzeitig das erste Mal gesehen, wie so eine Bank tatsächlich funktioniert, wie die Prozesse aussehen – und hielten das für einen Scherz: Herr Müller druckt die 20.000 Datenpunkte aus, liest sich die durch und gibt sie an Herrn Meier weiter, der scannt die wieder ein und gibt sie an die Zentrale, in der Herr Petersen sie nochmals durchliest etc. Das war so unglaublich absurd. Wir hatten offensichtlich in wenigen Monaten etwas wesentlich Performanteres aufgebaut als Banken in vierzig Jahren.

> Wir hatten in wenigen Monaten etwas Performanteres aufgebaut als Banken in 40 Jahren.

*Welche Auswirkungen hatte das auf eure Strategie?*

Unsere Strategie hat sich entsprechend gedreht, wir wollten nicht mehr nur die Vorhersagen verkaufen, sondern die ganze Bank außen herum noch mit aufbauen. Als wir das entschieden hatten, war auch klar, dass wir das nicht in Deutschland machen konnten, sondern in *Emerging Markets*, in Ländern, in denen die Leute noch gar keinen *Credit Score* haben. Der erste dieser Märkte war in Polen, unser Markteintritt im August 2012. Von da an ging es Schlag auf Schlag, es kam ein Land nach dem anderen hinzu. Außerdem haben wir gesehen, wie wahnsinnig gut unser Algorithmus war: Er hat selbstständig gelernt, in neuen Ländern die Muster neu zu erkennen – ohne manuelle Modifikation oder sonstiger Zusatzleistung von unserer Seite. Wir haben das weiter ausgereizt und geprüft, was passiert, wenn wir größere

Beträge, längere Laufzeiten und niedrigere Kosten angaben. Auch da hat der Algorithmus sich selbstständig angepasst und wir konnten einfach mit variablen Beträgen, Laufzeiten und Kosten immer weiter in neue unterentwickelte Märkte gehen.

*Somit war diese Geldverleih-Geschichte in Deutschland eher eine Sackgasse, weil es nicht so einfach ist, eine Banklizenz zu bekommen? Dabei heißt es immer, wir haben im Online-Markt weniger Regulierungen als z.B. beim Pizzabacken mit Hygiene, Gesundheit etc. Jeder 17-Jährige kann in seinem Kinderzimmer eine tolle Webseite bauen, ohne dass gleich eine Behörde vor der Tür steht. Beim Thema Finanzen ist das anders, wie es aussieht?*

Wenn es um Finanzen geht, wird offline wie online viel reguliert, das stimmt. Aber wenn wir über diesen IT- und Internet-Markt reden, kann man prinzipiell schon sagen, dass unglaublich viel unkompliziert, mit kleinem Geld und machbarem Aufwand möglich ist. Das wird jetzt über die Jahre immer schwieriger, aber momentan ist es noch so, dass man Dinge einfach ausprobieren kann – und zwar ohne Millionen Euro oder zig Jahre in den Sand zu setzen. Es gibt immer dieses Konzept des *Minimum Viable Product*, einfach mal etwas ausprobieren. *Dropbox* finde ich ein sehr gelungenes Beispiel: Bevor die auch nur eine Zeile Programmiercode geschrieben haben, wurde eine *Landingpage* ins Netz gestellt, auf der das Produkt beschrieben wurde: „Leg Deine Dateien auf einen virtuellen Server, kostet x Euro, melde dich an, fertig." Und dann wurde erstmal geguckt, wie viele Leute überhaupt kommen. Erst mit diesen Daten wurden die Kosten für *Google*-Werbung etc. berechnet, gefolgt von der Gewinnrechnung. Da das Ganze Sinn machte, wurde programmiert – aber eben erst dann.

> Vorteil Nr. 1:
> Mit wenig Zeit und Geld etwas ausprobieren,
> Feedback kriegen, starten – das geht nur online.

*Ja, aber eben erst dann …*

Genau, das eigentliche Produkt gab es verdammt lange nicht – wie der Amerikaner so schön sagt, *„fake it till you make it"*. Versuch mal, das auf die Offline-Welt zu übertragen: Du hast also ein neues Pizzarezept, machst einen Laden auf und lässt potenzielle Gäste herein – die sich dann wundern, weil noch nichts drin ist, weder Ofen noch Pizza. Und Du sagst, „ich wollte nur mal schauen, wie viele Leute hier rein kommen"? Nein, wenn, dann machst Du die Pizza direkt. Also, Vorteil Nr. 1: Mit wenig Geld und wenig Zeit sehr viele Sachen einfach ausprobieren, Feedback kriegen, sehen, ob es funktioniert oder nicht, dann starten. Das geht nur online.

*Man hat dann nur das Luxus-Problem, dass man es auch bauen muss, wenn die Nachfrage da ist …*

Genau. Einige Leute wollen es am liebsten direkt nutzen, müssen sich dann aber gedulden – wenn man das vernünftig kommuniziert, wird es in der Regel eher witzig als negativ aufgefasst, zumindest solange man niemandem Geld abgenommen hat. Und im Internet sind solche Themen sehr viel schneller und einfacher skalierbar: Bei gegebenen Kosten ist es leicht, die Umsätze und die Gewinne entsprechend in die Höhe zu treiben. Bei einer Pizzeria ist das erheblich schwieriger: Wenn doppelt so viele Leute kommen, brauche ich eigentlich doppelt so viele Köche, doppelt so viele Tische etc. Wenn nicht mehr zehn, sondern 10.000 Leute pro Tag etwas auf die *Dropbox*-Seiten laden, braucht man ein wenig mehr Serverraum und zwei zusätzliche Leutchen im Support, aber ansonsten ändert sich nicht viel – und deswegen ist das Internet so ein schöner Ort zum Skalieren von Unternehmen.

*Ist das nicht ein komplett anderer Markt, als Unternehmer ihn noch vor 50 Jahren vorgefunden haben?*

Die Platzhirsche werden alles, was im Keim aufkommt, schlucken.

Auf jeden Fall, aber man muss wohl auch beide Seiten sehen. In der Nachkriegszeit zum Beispiel konnte man etwas im Einzelhandel aufbauen, damals entstanden *Tengelmann*, *Quelle*, *Aldi*, *MediaMarkt* etc. Heutzutage ist das kaum mehr möglich. Vor 100 Jahren konnte man neue Autos bauen – wenn man nicht gerade Elon Musk heißt, ist das heute keine allzu gute Idee mehr. Wir leben jetzt in der glücklichen Online-Zeit, es herrscht sozusagen Goldgräber-Stimmung im Internet. In zehn Jahren wird das nicht mehr so sein, denke ich, coole Webseiten aus dem Kinderzimmer heraus zu basteln wird schwieriger werden. Dann wird es nämlich Platzhirsche geben, die alles, was im Keim aufkommt, schlucken werden, ähnlich wie *Microsoft* es vielleicht in den 1980er Jahren mit Software getan hat. Die ersten Ansätze sind bei *Google*, *Apple*, *Facebook* und in Deutschland vielleicht bei *Rocket Internet* erkennbar: Diese Unternehmen bauen sich ihre eigenen Ökosysteme auf und machen es darin neuen und kleinen Unternehmen immer schwieriger. Zudem muss man heute immer länger überlegen, wenn man etwas im Internet sucht, was noch nicht abgedeckt ist. Da bleibt nicht mehr viel. Irgendwann wird sich alles Richtung Biotechnologie oder Roboter oder Ähnlichem verlagern, es wird dann wieder etwas Neues geben.

*Aber dachte Microsoft nicht so ähnlich und wurde dann von Google und Facebook auf dem Standstreifen überholt? Du hast natürlich völlig Recht,* dass immer mehr Märkte besetzt sind und Nischen immer seltener werden, aber auf der anderen Seite kann man doch eine Software bauen, die irgendwelche Probleme löst, und schon hat man ein schlaues Business – das habt ihr ja sehr schön bewiesen.

Genau – und das ist das Schöne in der Technologie-Branche, alles bewegt sich, und es bewegt sich extrem schnell: Die Technologie, die Märkte, die Kundenbedürfnisse. Vor drei Jahren fand Max sein *Nokia*-Handy toll, jetzt wohl eher nicht mehr, das stimmt schon. Und es gibt eine endlos lange Liste an Technologie-Unternehmen, die sich auf ihrem Erfolg ausgeruht haben, *Nokia*, *Microsoft* etc., aber die große Überraschung kam dann doch um die Ecke. Es herrscht nun mal ein sehr globaler Ideen-Wettbewerb auf dem Internet-Markt: Es ist mir und meiner Pizzeria in Hamburg relativ egal, ob ein schlauer Koreaner in seiner Heimatstadt auch eine Pizzeria aufmacht, er wird meiner Pizzeria wohl eher nicht in die Quere kommen. Wenn er aber ein besseres Spiel als meines in den App-Store stellt, sieht das wieder anders aus, das ist das große offene Meer des Internets, kein länderspezifisches Thema – es sei denn, der Koreaner möchte individualisierte deutsche Fischköder online vermarkten.

Wie ist Deine Meinung zum Alter von Gründern, zur Naivität von jungen Gründern und zum Mut, zu sagen, wir können etwas, was z.B. die *Deutsche Bank* und andere nicht können, weil sie zu verstaubt sind?

Das Schöne ist, dass man als Junggründer ja eigentlich nichts zu verlieren hat. Wir kamen von der Uni und haben bei *Rocket Internet* zwar schon etwas Geld verdient, allerdings hat das Anfangsgehalt für die Miete gereicht, für viel mehr aber auch nicht. Und in so einer Situation ist es wesentlich einfacher, als wenn man mit Mitte 50 anfängt, mit zwei Auto-Leasingverträgen, einem Haus mit Hypothek und/oder mit einem Partner, der etwas vom Leben haben will. Ab einem gewissen Lebensstandard, Komfort, aber auch bestimmten Lebenshaltungskosten fällt der Schritt wesentlich schwerer, zu sagen, wir verzichten jetzt mal für ein Jahr auf Gehalt und haben noch dazu eigentlich gar keine Ahnung, ob das klappt. Bei so einem Risikofaktor im Leben ist es wohl am besten, wenn man noch nichts hat, dann kann man nicht tief fallen.

*Aber wenn man fällt, ist es in Deutschland besonders schwierig, wieder aufzustehen, oder?*

Das kommt noch hinzu, wir haben in Deutschland keine ausgeprägte Kultur des Scheiterns. Auch das sollten wir uns von den erfolgreichen amerikanischen Unternehmen abgucken: Die wenigsten Leute wissen, dass *Google* ein Pizza-Lieferdienst war, den keiner finanzieren wollte, deshalb haben sie dann den Algorithmus weiter entwickelt, den sie an der Uni angefangen hatten. So etwas würde in Deutschland gar nicht passieren, hier heißt es zu Beginn „Jung, das wird doch eh nix" und dann „hab ich Dir doch gleich gesagt" – und man ist quasi gebrandmarkt, beim nächsten Anlauf hört niemand mehr zu, weil man ja schon etwas in den Sand gesetzt hat. In den USA erhalten bevorzugt die Gründer Geld von Kapitalgebern, die schon einmal gescheitert sind, das aber erklären können und zudem erkannt haben, wie sie die Fehler beim nächsten Mal vermeiden. Die Investoren wissen, wie wertvoll eine blutige Nase ist, man kann unglaublich viel aus Fehlschlägen lernen. Wenn man weiß, man ist links abgebogen, hätte aber rechts herum gemusst, dabei langsamer rennen und noch jemanden mitnehmen sollen – dann hat man beim nächsten Mal sehr gute Karten. Diese Logik muss in Deutschland noch ankommen.

> Die Investoren in den USA wissen, wie wertvoll eine blutige Nase ist.

*Welche Themen werden in den nächsten Jahren kommen, die für Online-Unternehmensgründer interessant sind?*

Momentan würde ich auf alles tippen, was mit Daten zu tun hat. Weniger das 38. soziale Netzwerk für Hundeliebhaber oder den nächsten Shopping-Club für Vibratoren, das ist alles komplett ausgewrungen. Aber was noch Zukunft hat, sind Datennutzungen, smarte Prognosen, um Preise festzusetzen etc. Es wird wohl immer Themen geben, die besetzt werden können. Mich hat neulich jemand gefragt, was wir machen würden, wenn jemand vor uns bereits *Kreditech* gegründet hätte. Die Antwort war gar nicht so schwer: Zum Beispiel „VersicherungsTech", denn hier gilt das gleiche Prinzip. Warum zahlen Menschen ihre KFZ-Versicherung basierend auf Alter, Autobesitzdauer, Postleitzahlengebiet? Das ist nicht weniger bescheuert als zu sagen, Typ A fährt immer mit quietschenden Reifen um die Ecken, postet ständig Tachobilder auf *Facebook* und wie schnell er auf der Standspur überholt etc., während Typ B regelmäßig seine Felgen von innen

> Es gibt viele Ideen und Möglichkeiten, irgendjemand muss es nur machen.

poliert und nie schneller als zwei km/h unter Maximum fährt – es gibt für all diese Daten sehr viele schlaue Anwendungsfälle. Das funktioniert auch in anderen Versicherungsbereichen, aber auch bei datenbasierten Empfehlungen für Studienfächer, Arbeitsplätze, bei Vermittlungen von Arbeitgebern und -nehmern und vielem mehr, das steht alles noch am Anfang. Es gibt viele Ideen und Möglichkeiten, irgendjemand muss es nur machen.

> Und scheinbar eher die Jungen, denn viele andere kommen aus ihrem Hamsterrad nicht mehr heraus und dabei müssen sie noch nicht mal wirklich alt oder Großverdiener sein: Auch Leute, die mit Mitte 30 bei einer Bank 45.000 Euro verdienen, möchten eigentlich doch gerne „VersicherungsTech" gründen, tun es aber nicht mehr …

Genau, hier kommen aber ein paar Punkte zusammen. Viele glauben, dass Gründen damit beginnt, dass man eines Morgens mit einer Erleuchtung, dieser einen genialen Idee aufwacht. Falsch, so wurde weder *Facebook* noch *Google* noch *Kreditech*

> **Gründen beginnt mit einer Risikoentscheidung, nicht mit einer Erleuchtung.**

oder sonst ein Unternehmen auf der Welt gegründet. Diese Illusion muss ich allen nehmen: Ihr werdet nicht aufwachen und eine geniale Idee haben, Gründen fängt damit an, dass man eine Risikoentscheidung für sich trifft – auf Poker übertragen schaut man sich seine Karten an, entscheidet sich und geht dann „all in".

> Was passiert, wenn man sich für „all in" entschieden hat?

Wenn man wirklich gründen will, fängt man an, auf Konferenzen zu fahren, die entsprechenden Nachrichtenportale der Branche zu lesen, so bekommt man ein erstes Feeling. Dann umgibt man sich mit Leuten, die alle anders denken, die durch die Welt laufen und sich ständig Fragen stellen, immer dieses „Warum ist das so, wie es ist, und nicht anders?", beispielsweise „Warum ist die Ampelschaltung eigentlich so dämlich?" etc. Ein Ideenfindungsprozess ist vielleicht zu 70% strukturiert, analytisch und zu 30% kreativ.

Wenn man wirklich gründen will, sollte man nicht erst zwei Jahre zu einer Beratungsfirma in Festanstellung gehen. Das würde ich niemandem empfehlen, man fährt sich in der Situation fest, die Lebenshaltungskosten steigen an etc., deshalb gründen die meisten über 35 Jahre mit diesem Plan eben nicht.

Und schließlich: Wenn man wirklich gründen will, kann man das nicht nebenbei machen und am besten nebenbei noch nach Investoren suchen. Es kommt so häufig vor, dass Leute eine Idee haben, diese nach der Arbeit ein wenig polieren und dann damit zu Investoren gehen. Das funktioniert nicht, natürlich nicht: Wenn man seiner Idee selbst nicht genügend vertraut, um seine gesamte Arbeitszeit zu investieren, 100% Kraft hineinsteckt – wenn man selbst kein Risiko eingehen will, warum sollte der Investor dann Geld dafür hergeben? Erst zu starten, wenn man fünf Millionen Euro erhält, macht einfach keinen Sinn, so funktioniert das Geschäft nicht.

*Wobei die wenigsten Internet-Gründer am Anfang Investoren haben, wenn sie im Wohnzimmer an ersten Ideen bauen, oder?*

Das stimmt, wir sind durch die *Rocket-Internet*-Erfahrung vielleicht auch ein bisschen geblendet worden. Damals ging es eher darum, der Schnellste zu sein, das war ein Formel-Eins-Rennen, in dem eine Sekunde entscheidend schien. Man kann nicht alle Themen ohne Kapital beginnen, aber viele sicher schon. Für uns wäre es kaum möglich gewesen, eine digitale Bank aufzubauen, ohne eine Mark auf dem Konto zu haben. Da machten Investoren schon Sinn – außerdem haben wir auch Leute gesucht, die uns mit Rat und Tat ebenso wie mit weiteren Kontakten zu weiteren Investoren zur Seite stehen konnten.

*Bei euch ist ja auch die Unterscheidung zwischen Idee und Geschäftsmodell ziemlich relevant: Die Idee von Kreditech ist, Geld im Internet zu verleihen, das ist noch relativ trivial. Ein Geschäftsmodell wird es aber erst, wenn man Geld im Internet verleiht und es auch zurückbekommt, oder?*

> Die Idee war witzig und nicht schlecht, aber kein Geschäftsmodell.

Ja. Das war auch der entscheidende Unterschied bei *Gigalocal*: Die Idee war witzig und nicht schlecht, aber kein Geschäftsmodell. Die Leute, die das als User genutzt haben, hätten das sicher gerne weiterverwendet, aber man hätte damit kein Geld verdienen können. Bei *Twitter* finden wir einen ganz ähnlichen Fall vor, die Idee gab es seit zehn Jahren, bis sich jemand Gedanken darüber gemacht hat, wie man damit ein Geschäftsmodell aufziehen kann.

*Wie lief das bei euch ab? Ab wann war euch klar, dass ihr jetzt tatsächlich ein Geschäftsmodell realisiert?*

Das ist im Nachhinein wirklich beinahe absurd. Angefangen haben Alexander, ich und drei weitere in einem Raum. Einer war für das

Marketing zuständig und hat eben daran gearbeitet, bis nach einer halben Stunde ein Kreditantrag gestellt wurde. Dann hat der Mann seine eigentliche Arbeit unterbrochen und den Antrag ca. 50 Minuten lang manuell gescort. Der Antrag wurde angenommen, also hat dieser Marketing-Mann ein Willkommensschreiben in *Word* geschrieben, das ausgedruckt, den Briefumschlag abgeleckt und ist damit zur Post gegangen. Dann hat er das Geld auf das Konto überwiesen und den Kunden angerufen. Kurz: Er konnte nach anderthalb Stunden wieder am Marketing arbeiten. Damals hatten wir vier solcher Kunden am Tag, als es dann sechs wurden, haben wir uns schon riesig gefreut. Als dann auch noch die ersten Kredite zurückkamen und wir Umsätze von ca. 13 Euro hatten, haben wir wieder gefeiert, das war mehr, als bei *Gigalocal* jemals ankam. Das Ganze war aber dennoch sehr weit entfernt von einem Geschäftsmodell – aktuell scoren wir 10.000 Anträge pro Tag, rund um die Uhr.

*Wart ihr denn auf so einen Anfang eingestellt?*

Sicherlich. Zu Beginn ging es eher darum, die Technologie aufzubauen. Finanziell Spaß gemacht hat das Ganze eigentlich erst in Polen, als eben die Technologie auch ausgereifter war. Wir hatten damals den Anspruch, dass das System tausend Anträge pro Tag verarbeiten kann, ohne dass es auseinanderfliegt. Als der automatisierte Algorithmus im September 2012 dann lief, konnten wir richtig starten, da hat es auch angefangen, in der Kasse zu klingeln.

*Bleiben wir doch beim Algorithmus: Du sagtest, dass nur 15% der Antragsteller auch akzeptiert werden, aber das unterscheidet sich wahrscheinlich von Markt zu Markt, von Land zu Land?*

Absolut. Diese 15% kommen natürlich schnell zustande, wenn man z.B. in Russland seine Marketing-Leute verkünden lässt, dass man automatisiert und in Sekundenschnelle Geld herausgibt. Das ruft zunächst alle möglichen Leute und Maschinen auf den Plan, von *Bot Traffic* über irgendwelche Halunken, die es ein Mal probieren, zu solchen, die es acht Mal täglich versuchen. Inklusive all dieser Besucher kommt man dann schon auf die 15%.

Hinzu kommt, dass unser Algorithmus nicht nur stupide die Kreditwürdigkeit errechnet, sondern auch weitere Daten hinzuzieht, nämlich die Kosten eines Neukunden: Wenn potenzielle Neukunden durch den eher günstigen Weg über Suchmaschinen zu uns kommen, dann ist der Algorithmus wesentlich strenger und der Prozentsatz der angenommenen Kunden sinkt. Haben wir aber gerade eine TV-Kampagne für viel Geld geschaltet, reagiert er anders. In diesem Fall – wenn der Neukunde uns also bereits Geld gekostet hat – nimmt der Algorithmus eine höhere Prozentzahl der potenziellen Kunden an. Er konzentriert sich entsprechend nicht nur auf ein reines, isoliertes Kreditausfallrisiko, sondern zusätzlich auf Profitabilität und Kapitalertrag.

Ihr müsst euch also ebenso mit Halunken und Betrügern herumplagen wie *PayPal*, Finanzdienstleister, Kreditkarten-Unternehmen und Banken? Es gibt überall ein paar schlaue Menschen, die Algorithmen zum Abzocken entwickeln, oder?

Absolut, als wir in Russland *gelauncht* haben, waren wir zunächst drei Wochen damit beschäftigt, eine Festung aufzubauen. Es gab kleine Ganoven, die es recht plump mit einem geklauten Personalausweis oder einer geklauten EC-Karte versuchten, und es gab echte, clevere Halunken, die sich ernsthaft Gedanken machten und einiges ausprobierten, um in den Server und die Datenbanken zu kommen. Wir haben mittlerweile ein eigenes *Department* für diese Thematik – aber das Ganze bewegt sich bei uns unter der 1%-Grenze, also im Promillebereich. Auf Null wird das nie fallen, aber so ist es ertragbar – und wir verstehen, warum *MasterCard* oder *Sony* ganze Heere besitzen, die sie davor schützen.

> Wir waren in den ersten drei Wochen damit beschäftigt, eine Festung zu bauen.

Und die Folge ist dieses Wettrüsten zwischen euren Sicherheitsvorkehrungen und schlauen Hackern und Betrügern, die wieder eine Lücke finden. Wobei dieser kleine Promillebereich tatsächlich überschaubar wirkt.

Genau. Und schließlich ist die Online-Welt im Grunde nur ein Abbild unserer Offline-Welt, entsprechend wird es auch dort vom kleinen Taschendieb bis zur kriminalisierten Mafia alles geben. Wobei die Strukturen sich doch unterscheiden: Wenn man sich gerade die neuen *Phishing*-Methoden anschaut, mit denen die Mails von Hausbanken oder der *Telekom* nachgebildet werden und man dann dummerweise vermeintliche Rechnungen an die Falschen bezahlt, so fällt es einem schon schwer, sich vorzustellen, wie jemand offline eine Filiale der *Sparkasse* nachbaut und die Leute dort hineingehen, um Geld abzuheben … Offline-*Phishing* klingt sehr seltsam.

Das empfehlen wir lieber nicht. Viel interessanter ist bei euch nämlich auch, dass ihr gute zweieinhalb Jahre nach der Gründung von *Kreditech* schon extrem viel *Venture Capital* aufgenommen habt. Wie habt ihr das geschafft?

*Business Angels* haben uns sehr dabei geholfen – auch wenn sie immer nur Türen aufstoßen und als Intro fungieren können. Das ist vergleichbar mit einem Freund, der sagt, „Barbara musst Du mal kennenlernen: Barbara, das ist Thomas, Thomas, das ist Barbara". Du musst Barbara noch immer selbst zum Essen einladen, aber der erste Schritt ist schon mal getan – und durch diese Hilfe des Freundes allemal besser, als Barbara auf *Facebook* eine „Hallo, ich bin der Thomas"-Nachricht zu schreiben. So ähnlich ist das mit *Business Angels* auch, wir haben jetzt einige Runden hinter uns, so eine Beziehung ist auf jeden Fall gut. Bei uns waren das am Anfang deutsche Investoren, aber wenn es darum geht, über fünf bis zehn Millionen Euro einzusammeln, wird es in Deutschland schwierig. Wir sind also nach England bzw. in die USA gegangen.

> **„Habt Ihr Lust, die globale Bankenwelt umzukrempeln?"**

*Wie ist das für ein deutsches Start-Up in dieser anderen Venture-Capital-Welt der USA?*

Die meisten wissen gar nicht, dass Amerikaner ganz anders verkaufen. Als Amerikaner muss man seine Story komplett anders aufrollen und das Problem der meisten deutschen Gründer ist dort eher, dass sie viel zu wenig wollen, viel zu klein sind. Wenn jemand amerikanischen Investoren sagt, er könnte die Nummer Zwei im Online-Hundefutter-Segment in Norddeutschland werden, dann sagt der Amerikaner nur: „*Who gives a shit?*" – was daran könnte jemals die Welt verändern? Wenn man aber dorthin geht und fragt, ob jemand Lust hat, die globale Bankenwelt umzukrempeln, dann stößt man sehr viel eher auf offene Ohren. Hinzu kommt für deutsche Gründer ein anderes Extrem: Der amerikanische Gründer würde eigentlich nicht aus dem USA-Markt herausgehen, dieser ist groß genug, es gibt nur eine Sprache, eine Währung und man kann ein riesiges Unternehmen aufbauen – also warum sollte man? Der Schwede hingegen merkt schnell, dass der schwedische Markt eigentlich zu klein ist, um ein Unternehmen mit substantieller Größe aufzu-bauen. Also nimmt er die Weltkarte und sagt „dort, dort, dort, dort und dort." *Skype* ist das Paradebeispiel.

*Und der Deutsche sitzt irgendwo in der Mitte?*

Genau, der ist irgendwo dazwischen, weil Deutschland als Markt fast groß genug ist – zumindest groß genug, um nicht direkt zu Beginn anzu-nehmen, dass er nicht reicht. Auf der anderen Seite ist der Markt aber doch zu klein, um wirklich ein substantielles Unternehmen aufbauen zu können. Der Deutsche ist also ein bisschen gefangen, startet doch nur in Deutschland und geht nach zwei Jahren immerhin in die Schweiz und nach Österreich. Aber ab da wird es wieder schwieriger, denn so schnell geht man nicht nach Indonesien und Peru und Alaska. Deswegen sollte der

Deutsche also mehr wie der Schwede denken und von Anfang an viel internationaler vorgehen. So hat er auch wesentlich bessere Chancen bei den amerikanischen Investoren und nur die können solche Runden finanzieren.

*Und wenn man mit einer guten Idee kommt, hat man auch gute Chancen, Geld von ihnen zu erhalten?*

Durchaus – hinzu kommt auch, dass der Amerikaner Technologie liebt. Man kann dort niemandem mehr mit dem 38. *E-Commerce*-Store kommen, in dem man einfach irgendetwas verkauft. Das ist relativ austauschbar, der Marken- oder der Unternehmenswert liegt viel mehr im Marketing, in der Markenwahrnehmung und in der Logistik. Technologielastig, spannend – am besten eine Kombination daraus sollte es sein, große Probleme lösend und sich schnell und international verkaufend. Wie gesagt, jeder amerikanische Investor wird einem raten: *„Fake it till you make it."* Amerikaner verkaufen Produkte zudem viel massiver, offensiver: Während in der deutschen Speisekarte das „Wiener Schnitzel" steht, hat man in den USA ein *„tenderly roasted chicken with sun dried tomatoes"* – die Gerichte können identisch sein, aber bei der amerikanischen Art läuft mir direkt das Wasser im Mund zusammen. Sehr ähnlich ist das nun mal auch bei den Start-Ups, unsereins sagt, er baut ein *BI-Tool*, Punkt. Der Amerikaner sagt, das ist das *„most revolutionary thing ever"* – ohne die erste Code-Zeile auch nur angefangen zu haben.

> Der Deutsche baut ein Tool, der Amerikaner das „most revolutionary thing ever".

*Die Mentalitätsunterschiede sind wirklich enorm in diesen Bereichen. Der Begriff Vapor Ware zeigt das ganz schön: Man verkauft eigentlich nichts, Luft, und schämt sich auch nicht dafür. Wenn jemand kommt, kann man das noch immer bauen – das würde ein deutscher Ingenieur sich eher nicht trauen.*

Ja, der baut das erstmal fünf Jahre lang und merkt dann, dass es doch niemand braucht. Oder er merkt, er kann es gar nicht – oder noch schlimmer, er baut ohne Marktvalidierung langsamer und dann ein wenig in die falsche Richtung. Der Amerikaner gibt erstmal Vollgas und schaut, ob es jemand kaufen möchte.

*Lass uns Deutschland und die USA mal verlassen, denn Du hast bei eurer Länderliste viele relativ kleine Staaten genannt – wie kommt das zustande, wie habt ihr entschieden, in welche Länder ihr geht?*

Wir konnten nicht einfach mit Dartpfeilen auf eine Weltkarte werfen, sondern mussten uns alle fast 200 Länder anschauen und diese mit einer

Filterlogik strukturieren. Entscheidend war, dass es in einem Land sehr wenig Kreditbüro-Infrastruktur gibt und wir dort in kurzer Zeit Geld auszahlen können, ohne dass man physische Unterschriften auf einem Blatt Papier braucht. Wenn das nötig ist, wird der Aufwand mit postalischem Verschicken, Erhalten etc. wieder sehr hoch. Insgesamt sind wir bewusst sehr leidenschaftslos an die Sache herangegangen und schließlich kamen dabei die genannten Länder heraus, quasi in Form unserer To-do-Liste.

Stört es euch, dass Deutschland nicht auf der Liste gelandet ist?

Naja, wir werden immer wieder gefragt, warum wir nicht in Deutschland sind und wann wir denn nach Deutschland kommen. Aber für uns ist Deutschland ein Markt wie jeder andere auf der Weltkarte. Auch die Tatsachen, dass wir in Deutschland geboren sind oder unser Büro hier ist, sind für uns keine entscheidenden Faktoren. Wir müssen deshalb den deutschen Markt nicht erobern. Stattdessen handeln wir rein faktenbasiert und da war Deutschland bisher weniger interessant als beispielsweise Peru, Russland oder Mexiko.

Und warum waren die USA bislang noch nicht interessant genug?

Die USA haben eine verhältnismäßig gute *Credit-Score*-Abdeckung, das nennt sich dort *Fiko Score*. Es gibt dennoch einen Anteil von 30%, der quasi keinen Score hat, allerdings wären die USA recht aufwendig, weil jeder Bundesstaat eine eigene Banklizenz hat. Für uns bedeutet das, den ganzen Spaß dort nicht einmal, sondern fünfzig Mal durchzuführen, deshalb haben wir es bislang nicht getan. Aber ich wage keinen Blick in die Kristallkugel, es ist gut möglich, dass wir da früher oder später aufschlagen — früher oder später müssen wir ohnehin die gesamte Welt abdecken.

Ihr beiden Gründer seid zwar Deutsche, aber wenn man sich in euren Büros bewegt, hört man hier vor allem andere Sprachen, Englisch, Spanisch und so weiter, das ist für Deutschland ein extrem vielseitiges Team. Wie funktioniert das *Recruiting*, ist es schwierig, die Leute nach Hamburg zu holen?

Wir haben zurzeit mehr als 40 Nationalitäten in unserem Unternehmen. Geschafft haben wir das zum einen durch die spannende Arbeit — die Leute erkennen durchaus, dass es uns so kein zweites Mal gibt, während man in jeder Stadt, ob Berlin, Hamburg oder Sao Paolo, zu einer Bank gehen kann. Zum anderen fühlen sich die Leute hier sehr wohl, auch ganz explizit bei uns. Wie gesagt, es sind 220 Leute aus so vielen Nationen bei *Kreditech*, wenn also jemand aus Brasilien kommt, ist die Wahrscheinlichkeit recht hoch, dass schon andere Brasilianer bei uns sind. Es wird sehr selbstverständlich Englisch gesprochen und dieser internationale Mix aus Leuten organisiert sich, plant Trips, Reisen etc. Wir haben quasi ein kleines Ökosystem geschaffen, das gesamte Unternehmen ist vollständig international ausgerichtet und das gefällt vielen Leuten.

*Sprecht ihr dann gar kein Deutsch mehr auf der Arbeit?*

Doch, schon, aber tatsächlich recht wenig. Teilweise merken wir gar nicht mehr, dass wir Englisch reden bzw. dass nur noch Deutsche im Raum sind und man wieder ins Deutsche wechseln könnte. Insgesamt ist das super – nicht nur, weil wir in so vielen Märkten aktiv sind und deswegen so viele Leute aus diesen Märkten brauchen. Aber auch für die Produktivität und die Stimmung ist es sehr gut, ein so heterogenes Team zu haben. Ob Alter, Ausbildung, Nationalität, Geschlecht: Je heterogener, desto besser. So können wir alles aus noch mehr Perspektiven betrachten – bei uns sagt ständig jemand: „Aha, okay, so habe ich das noch gar nicht gesehen, da ist was dran."

> Ob Alter, Ausbildung, Nationalität, Geschlecht: Je heterogener, desto besser.

*Und das wiegt schwerer als potenziell bestehende Sprachbarrieren? Bzw. dass der Brasilianer manchmal den Russen nicht versteht oder umgekehrt und dadurch Reibungsverluste entstehen?*

Genau, aber wir achten auch darauf, dass unsere Mitarbeiter Englisch können, das ist tatsächlich ein sehr wichtiges Kriterium. Das muss nicht Muttersprachen-Niveau sein, aber die Leute müssen sich flüssig unterhalten können, ansonsten wird es tatsächlich schwierig.

*Okay, deswegen überwiegen für euch die Vorteile dieser unterschiedlichen Sichtweisen und Erfahrungsschätze …*

Ja, denn hinzu kommt, dass das alles sehr smarte Leute sind, keine Dummbatzen, denen die Hautfarbe von jemandem nicht gefällt. Unsere Mitarbeiter sehen vielmehr, dass sie voneinander lernen können, sie bringen sich gegenseitig ihre Landessprachen bei, gestalten Abende, an denen die Spanier spanisch kochen und das den Polen beibringen oder eben umgekehrt. Unsere Mitarbeiter nutzen die positiven Seiten, niemand findet etwas komisch oder gar doof, weil er es nicht kennt – wer so denkt, passt nicht zu *Kreditech.*

*Magst Du noch eine Zukunftsprognose zum Abschluss machen: Wo steht ihr in zwei, fünf oder zehn Jahren, gibt es dann noch eine* Deutsche Bank *oder habt ihr den Platz eingenommen?*

Nein, ich glaube, die *Deutsche Bank* wird es in zwei, definitiv auch in fünf und in zehn Jahren noch geben – wenn sie sich nicht weiter verklagen lassen und Milliarden Euro Strafzahlungen leisten müssen. Und wir werden parallel in spätestens zwei Jahren die Milliarden-Euro-Marke in der Bewertung durchbrochen haben, was unseren Unternehmenswert angeht. Nach *Zalando* und *Lieferheld* wären wir das erste deutsche nicht Inkubator-gegründete Unternehmen dieser Größenordnung. Und in fünf Jahren haben wir hoffentlich auch noch nicht verkauft, sondern basteln weiter an der Weltherrschaft, bei der wir in vielleicht zehn Jahren angekommen sein könnten. Wie gesagt, die *Deutsche Bank* wird es noch geben, wir aber könnten dann so groß und weit verbreitet sein, dass zumindest jeder zweite Kunde auf der Welt sich aussuchen kann, ob er bei uns oder jemand anderem seine Finanzen macht. So, und wir werden dann hoffentlich irgendwo in der Hängematte liegen und die Arbeit Arbeit sein lassen.

> Wir basteln weiter an der Weltherrschaft.

*Bist Du denn der Typ dafür, wäre so eine Richard-Branson-Rolle wirklich etwas für Dich?*

Ich habe eine sehr große Passion, nämlich Motocross in Ventura zu fahren. Und das wäre diese eine Sache, bei der ich mir vorstellen könnte, nach der Rente – also mit Mitte 30 oder so – ein Rennteam aufzubauen. Aber vielleicht biete ich auch verrückte Reisen zum Mond an oder kaufe mir eine Insel. Das ist alles sehr unwahrscheinlich, aber wer weiß, auch das könnte irgendwann mal passieren.

*Das ist doch ein schöner Plan, wir drücken die Daumen und freuen uns auf lustige Partys auf der Insel.*

Oder auf dem Mond, wer weiß.

*Viel Erfolg!*

Online-Mittelstand in Deutschland

Jetzt bestellen bei oder kostenlos probelesen auf Online-Mittelstand.de

Lohnt es sich heute noch, eine Internet-Firma zu gründen? Viele der hier interviewten Unternehmerinnen und Unternehmer haben diese Frage eher negativ beantwortet und darauf hingewiesen, wie stark schon alle relevanten Märkte besetzt sind und wie groß die Konkurrenz geworden ist.

Ich halte das für Unsinn.

Entweder handelt es sich um das Symptom eines verfrüht einsetzenden Altersstarrsinns oder eine Variante der „alles Wichtige ist bereits erfunden worden"-Aussage.

Mit Sicherheit wird es in zehn Jahren mehr als genug ähnliche Menschen geben, die erzählen, dass 2015 der perfekte Zeitpunkt war, um ihr Geschäft zu starten. Natürlich ist es nicht sinnvoll, heute die Unternehmen noch einmal zu bauen, die vor zehn Jahren gegründet wurden, deren Nischen sind tatsächlich besetzt. Aber es wird immer genug neue Themen geben – nicht zuletzt sind neue Technologien, Smartphones und *Connected TVs* ziemlich offensichtliche neue Märkte für die nächsten Jahre. Viele weitere, wahrscheinlich sogar die attraktivsten, sind uns heute weder bewusst noch bekannt, warten aber darauf, entdeckt und besetzt zu werden.

**Also, worauf wartest Du?**

**Über Feedback zu diesem Buch freuen wir uns auf folgenden Wegen:**

info@online-mittelstand.de

Facebook.com/OnlineMittelstand

Twitter.com/OMittelstand


**Besonderer Dank gilt …**

Neben selbstverständlich allen Interviewpartnern gilt für Ihre Mitwirkung an diesem Buch ein besonderer Dank den folgenden Personen:

Lektorat: Dr. Carolina Pasamonik, Agnieszka Kaczmarek, Melanie Schehl

Design und Layout: Christian Mehlaus

Alles andere: Miriam Bundel

# Thomas Promny

Autor und Internet-Unternehmer

Jahrgang: 1981

Thomas Promny, Jahrgang 1981, ist selbst ein deutscher Internet-Unternehmer aus Hamburg. 1999 begann er noch während des Abiturs, seine erste Internet-Firma zu gründen. Seitdem war er am Aufbau von etwa 20 Unternehmen in der Online-Branche beteiligt, insbesondere in den Bereichen Online-Marketing und E-Commerce.

Parallel ist er seit längerem als Autor aktiv und hat bereits drei Bücher zu Online-Marketing-Themen geschrieben. Seit 2011 veranstaltet er mit *d3con* die größte deutsche Konferenz zum Thema Real-Time-Advertising.

Als weiteres Event-Geschäft betreibt er seit 2013 mit dem *Online-Karrieretag* auch die erste deutsche Karrieremesse für die Online-Wirtschaft, auf der sich führende Unternehmen und Absolventen der Branche treffen.

Made in the USA
Monee, IL
07 July 2026